Herbert-Werner Mühlroth

KATZENFUTTER

IGELGEDICHTE

Herbert-Werner Mühlroth

KATZENFUTTER

IGELGEDICHTE

© 2021 Herbert-Werner Mühlroth
Erste Auflage
Autor: Herbert-Werner Mühlroth

Verlag und Druck:
tredition GmbH, Halenreie 40-44, 22359 Hamburg
ISBN: 978-3-347-36735-7

Bibliografische Information der Deutschen Nationalbibliothek: Die Deutsche Nationalbibliothek verzeichnet diese Publikation in der Deutschen Nationalbibliografie; detaillierte bibliografische Daten sind im Internet über http://dnb.d-nb.de abrufbar.

Vorwort

Dieses Büchlein stellt die Fortsetzung des Bandes „Lieben Igel Katzenfutter?" dar, welcher im Dialog mit meinem Dichterfreund Ioan Milea entstanden ist. Der letzte Igel, den Ioan gesehen hat, lag tot am Straßenrand. Daher war ihm das Rohmaterial abhandengekommen, um meine Igel-Gedankenblitze zu spiegeln. Daß wir uns des Vorhandenseins der Igel bei uns noch erfreuen können, ist schön. Erschreckend jedoch, daß in anderen Regionen die Igel das Schicksal der zahlreichen vom Aussterben bedrohten Arten teilen. Wo dies der Fall ist, da ist es auch nicht mehr möglich, Igel-Gedankenblitze zu spiegeln. Dennoch hat Ioan einen Großteil meiner Igelhaikus ins Rumänische übersetzt. Diese bilden jedoch nicht Bestandteil des vorliegenden Buches. „Lieber Ioan, die / Igel haben uns noch viel / zu sagen." Mithin ist dieser Band ein Dialog mit einem stillen Zuhörer und Gesprächspartner, der Ioan ist. Dieses Buch kommt auf leisen Katzenpfoten daher, dennoch mahnt es uns Menschen, unsere Tiere, unsere Welt nicht zu vernichten. Die Dorfstraße 10 ist immer noch ein Naturparadies, wie Linus sagte. Und das soll so bleiben. Aber das können wir nicht allein schaffen. Die Igel sind ein Sinnbild für die Menschheit. Wenn die Igel überleben, dann stehen unsere Chancen auch nicht schlecht. Dafür brauchen wir aber Katzenfutter. Doch dies ist nur ein Sinnbild.

Ein Wort noch zur dem Begriff Igeliologie, welcher sich aus den Worten Igel und Ideologie zusammensetzt und das nicht eliminierbare Bedürfnis der Menschen parodiert, unbedingt einer Ideologie anzuhängen. Die Igel führen jegliche Ideologie ad absurdum, indem sie das vielberühmte Theorem: „Erst kommt das Fressen und dann die Moral." auf liebenswerte Weise desavouieren und uns Menschen einen Spiegel vorhalten gegen jegliche Ideologie und gegen jeglichen Totalitarismus. Und dies in einer Gesellschaft, welche immer anfälliger dafür wird.

Anmerkung: Felix, Tony, Roxy und Nanny sind Katzen. Die restlichen Namen gehören zu den Igeln.

Lieber Ioan, die
Igel haben uns noch viel
zu sagen.

Katzenfutter: Und
die Igel haben eine
Igeliologie.

Lieber Ioan, die Igel
lehren uns die
Igeliologie.

Ich sage zu Ioan:
Wir müssen ein Ende finden
mit den Igel-Haikus.

Ioan sagt: Solange die
Igel in uns arbeiten,
geht es weiter.

Nichts sprudelt so frisch
wie
Igel-Haikus.

Die Igeliologie
liefert laufend
Igel-Poesie.

Die Igel-Poesie
folgt den Gesetzen
der Igeliologie.

Die Igeliologie
ist prinzipiell
unabschließbar.

Lieber Ioan, die
Igeliologie
verstehen wir nie.

Katzenfutter: Und
die Igel haben eine
Igeliologie.

Was sollst du über
Igel sagen? Sie sind
für jede Überraschung gut.

Man weiß nie, wann die
Igel Haikus bringen
und wieviele.

Mit gespreiztem Hinter-
bein stellt der Igel sich tot.
Dann geht er in die Nacht.

Es regnet. Die
Igel sind auf
Tauchstation.

Ich höre Schmatzen.
Der Regen
hat aufgehört.

Wenn die Igel
Hunger haben, dann regnet
es nicht so viel.

Wie ich aufs Igel-
futter kam? Der launische
Geschmack der Katzen.

Die Igel fraßen
die vertrockneten Reste
aus dem Futternapf.

Wenn es euch schmeckt, dann
kommt das Igelfutter auf
den Einkaufszettel.

Igel: Verlaßt die
Terrasse so, wie ihr sie
vorgefunden habt.

Endgültig habe
ich den Blick über die Zahl
der Igel verloren.

Heute: Zwei kleine
Igel am Napf.
Die Igel vermehren sich schnell.

Nach Adam Riese:
Unbenommen, Igel Nummer 6
ist gekommen.

Die Taschenlampe
in der Hand suche ich nach
hungrigen Igel.

Gudrun hat den
Doppelnapf für die Igel
wieder eingeführt.

Der Doppelnapf lag
eine Woche lang
im Wasser.

Gudrun hat den
Doppelnapf jetzt
ins Gras gestellt.

Die Terrasse
verlangt nach dem
Hochdruckreiniger.

Der kleine Igel
liegt quer im
Doppelnapf.

Ich schieb ihn weg
und schütte die dritte
Dose hinein.

Die kleinen Igel
müssen druckbetanken
nun für den Winter.

Die dritte Dose
war selbst für den kleinen
Igel zu viel.

Er sagte: Boah, ich
bin so voll, ich möchte
nur noch schlafen.

Er sagte: Vielleicht
komme ich später
noch einmal.

Besser, das Katzen-
futter bleibt stehen, als daß
die Igel hungern.

Boah, könnte ich
bloß so schlafen wie ein
satter Igel!

Ein dicker Igel
widmete sich
der dritten Dose.

Katzenfutter
wirkt auf die
innere Stille.

Vertrau,
wie die Igel,
auf Katzenfutter!

Igelhaikus
wirken bis in den Schlaf –
so hoffe ich.

Der kleine Igel
hat die Zeichen der Zeit
verstanden.

Nur er kommt noch.
Schlafen die anderen
Igel schon?

Er kommt nicht nach der
Tagesschau, er kommt, wenn die
Sonne untergeht.

Hat er den ganzen
Sommer nur gesungen? Nein,
nur kein Futter gefunden.

Vielleicht wohnte er
auch zu weit weg
vom Katzenfutter.

Eine Gewißheit
für den Igel gegen den
Winter: Katzenfutter.

Noch nie hat ein
Igel über innere Unruhe
geklagt.

Du mußt die innere
Unruhe so annehmen
wie die Igel K-Futter.

Der kleine Igel
stellt sich seiner Angst – weil
er Hunger hat.

Hätte ich nur die
Stille der satten Igel
in meinen Träumen.

Der kleine Igel:
Ist er nicht Der kleine
Prinz?

Para que el Principito,
que hai en ti,
nunca muera.

Damit der Kleine Prinz
den du in dir trägst,
niemals stirbt.

Ja, mein toter Freund
Jorge. Darum füttere
ich Igel.

Die Igeliologie
lehrt uns Bescheidenheit
und Demut.

Die Igeliologie
ist Medizin gegen
den Wertezerfall.

Bei den Igel ist
das Wertekonstrukt stabil
und dauerhaft.

Die Igeliologie
ist eine dynamische
Ethik.

Die Igeliologie
orientiert sich am gegebenen
sozialen Zustand.

Die Igeliologie
wahrt Werte, die der
Mensch vergessen hat.

Der Igel erblüht,
aber nicht wie die Mimose,
sondern menschlich.

In der Dürrezeit
ist Katzenfutter für Igel
himmlisches Manna.

Erschreck die Igel
nicht! Nimm die
Taschenlampe!

Der Igel ist
sanft: Greif nicht in
sein Knäuel!

Die Igel sind
sanfter als jede
Mimose.

Katzenfutter fres-
sen die Igel und träumen
von dicken Mäusen.

Katzenfutter hilft
gegen den Klimawandel.
Sagen meine Igel.

Die Igel sorgen
im Sommer bereits
für den Winter.

Die Schale quer,
der Magen leer,
K-Futter her!

Der Igel hebt die Schale.
Leer. Zum wievielten Male!
Seht doch des Igels Quale!

Die Schale steht Kopf,
fest hält der Igel sie
mit seiner Nase.

Ach, könnt´ich kippen
die Schale, dann würd´
am K-Futter ich nippen.

Friedlich speisen zwei
Igel aus einem Teller des
Doppelnapfes.

Den einen Teller
geleert, widmen sie sich dem
anderen Teller.

Die Katze hüpfte
hoch, als der Igel sie leicht
von hinten anschupste.

Mit dem Katzenfutt-
er kann man auch die Borsten
der Igel streicheln.

Noch ist´s nicht dunkel,
aber der kleine Igel
wartet schon am Napf.

Am Pelzkragen, in
dem die Haselmaus über-
winterte, nagt der Igel.

Kann die zweite Katz-
enfutterdose nicht schnel-
er geöffnet werden?

Die Igel sind ge-
sättigt gegangen. Auf der
Terrasse nun Stille.

Der Hahn kräht. Felix
sagt: Fütter mich! Ein neu-
er Tag ist angebrochen.

Nanny knurrte laut.
Paula schritt links an ihr
vorbei. Seelenruhig.

Oh weh, auf das Gelee
im Katzenfutter ist die
Nanny scharf.

Katzenfutter –
überstanden ist dieser
schreckliche Sommer.

Die künstlerische
Freiheit im Haiku gründet
auf Katzenfutter.

Die Igel genießen
die künstlerische Freiheit
im / mit Katzenfutter.

Das Katzenfutter
macht die Igel zu
freien Künstlern.

Katzenfutter
gewährleistet die Freiheit
der Kunst.

Der Igel ist ein
Avatar des
lyrischen Ichs.

„Am Katzenfutter
hängt, zum Katzenfutter
drängt doch alles."

Der weise Igel
sagt: „Wenn alles gut
ist, ist es in Butter."

Lange Nacht des
Katzenfutters. Man kann im-
mer noch nachstopfen.

Seit langem habe
ich keinen Igel gesehen,
der sich eingeigelt hat.

Im Schein der Taschen-
lampe zucken die Igel
nicht einmal.

Der Igel Vertrauen
kann nur ein Unmensch
enttäuschen.

Und wieder sitzt der
Igel da und ich schütte
K-Futter vor seine Nase.

Der andere Igel
wartet an dem anderen
Futternapf.

Gudrun sagt, das
Vertrauen der Igel
ist bemerkenswert.

Es ist schön: Des Nachts,
das Schmatzen der Igel auf
der Terrasse.

Ich kann mir nicht
helfen. Ich muß einfach
über Igel schreiben.

„Hier stehe ich, ich kann
nicht anders." Die Igel helfen mir.
Amen! (Martin Luther)

In meiner Sprache
klingt das Igelische
menschlich.

Igelische Sprache
habe ich übersetzt mit:
menschlicher Sprache.

Die Taschenlampe
in der Hand mache ich
Paßfotos für die Igel.

Beim Fotografieren
bringen die Igel
sich in Pose.

Einer schaut
in die Kamera
und lächelt.

Die Leuchtkugel
ist der Mond,
sagte der Igel.

Der Igel liegt
auf dem Schlauch,
auf dem Bauch.

Ein Igel hat
auf dem Rücken
Grasstücken.

Stille auf der Terrasse.
Das Schmatzen der Igel –
eine Symphonie.

Die Leuchtkugel
erstarb, als die
Igel satt waren.

Satte Igel – und
du kannst sagen: Das Leben
kann schön sein.

Auf der Terrasse
allzeit bereit: Eine
Igelfutterdose.

Heute kam in die
traute Runde der fünfte
Igel im Bunde.

Der Kleine braucht noch
viel Katzenfutter, um groß
und stark zu werden.

Zum Essen führen
die Igel ihre Kinder
aus: „Zur Terrasse".

Immer häufiger
sprechen die Igel über
das Katzenfutter.

Papa, gibt's Pommes?
Nein, sagt der Papa, es gibt
nur Katzenfutter.

Papa, ich möchte
einen Hamburger. Papa:
Der ist nicht gesund.

Ich sag zu Felix:
Ich muß noch Igel-Haikus
transkribieren.

Gudrun sagt: Füttre
die Katzen, die Fische, die
Vögel und Igel.

Manchmal kommt noch als
Nachzügler ein Igel-Haiku
wie die Igel selbst.

Ein Igel rastete
auf der Terrasse. Offenbar
ist er eingeschlafen.

Ich berührte seine
Stacheln. Er schlief
felsenfest.

Ich schüttete noch
eine Dose Katzenfutter
in den Napf.

Wenn er aufwacht,
dann hat er bestimmt
wieder Hunger.

Lieber Ioan, so
ist es: Igel-Haikus sind
für Igel geschrieben.

Lieber Ioan, so
ist es: Igel-Haikus helfen
den Igeln.

Lieber Ioan, so
ist es: Igel-Haikus helfen
den Menschen.

Oktoberfest: Herr
Ober! Bitte noch eine
Runde Katzenfutter!

Der Hunger der Igel
läßt nach. Der Winter
kommt bald.

Die Bilanz des
Sommers: Katzenfutter
satt.

Katzenfutter: und
der Winterschlaf
ist gesichert.

Katzenfutter
am Abend. Erquickend
und labend.

Katzenfutter: und
der Winterschlaf
ist gesichert.

Jetzt datiere ich
die Igelhaikus für Ioan
schon voraus.

Die beiden Igel
haben zugenommen – dank
des Katzenfutters.

Das Schmatzen der
Igel ist laut. Doch damit
bin ich vertraut.

Das Ausschütten des
KF macht das gleiche Geräusch
wie die Igel.

Igel füttern
und der grippale Infekt
wird erträglich.

Der grippale Infekt
ist nur ein Akzidenz, das zur
rechten Zeit sich öffnet.

Ich sagte: Schon lang
hab ich keine dicken Igel
mehr gesehen.

Gudrun sagt: Die Igel
nehmen jeden Tag
ein paar Gramm zu.

Nachtstille:
Nur die kleinen Igel
schmatzen.

Nachtstille der Igel -
langsam auch
in mir.

Die Igel wissen,
wie sie den Winter überstehen:
Durch Fressen.

Draußen ists kalt.
Die Igel, die Igel schlafen,
schlafen bald.

Nach dem
Wetterbericht
ist Igelfütterzeit.

Auf meinem Blatt
rascheln die Igel durch
die Herbstblätter.

Lieber Ioan, man weiß
nie, wann die Igel die
Haikus bringen.

Die Igel bringen
die Haikus stets
unerwartet.

Lieber Ioan, unsere
Igel nehmen den Auftrag
der Literatur ernst.

Und noch ein Schimmer:
Memento: Die Igel
arbeiten immer!

Und noch ein Schein.
Siehe da: Das poetische
Stachelschwein.

Und noch ein Glanz:
Fertig die Igel-Haikus?
Nein, niemals ganz.

Und dann und
wann (kommt noch)
ein dicker Igel.

Und manchesmal
ein Lächeln: Die kleinen
Igel warten.

Und dann und wann
lesen die Igel
Rainer Maria Rilke.

Doch alle haben
Mut in ihren Mienen:
Vorbei ist der Sommer!

Ein Rot, ein Grün, ein
Grau vorbeigesendet
von meinen müden Igeln.

Wenn du glaubst es geht
nicht mehr, kommt von irgendwo
ein Iglein daher!

Der kleine Igel
hat die Zeichen der
Zeit verstanden.
Nur er kommt noch.
Schlafen die anderen
Igel schon?

Eine Gewißheit
für den Igel gegen den
Winter: Katzenfutter.

Eine Igellawine:
Ich finde einfach
kein Ende.

Jorge, ich erkenne
dich wieder in
dem kleinen Igel.

Nur noch Igel
wiegen mich
in den Schlaf.

Gudrun sagt: Wir
müssen den kleinen Igel
auf die Waage stellen.

Gudrun sagt: Er muß
600 g wiegen, um den
Winter zu überstehn.

Wenn nicht, dann wird er
im Wintergarten über
den Winter gefüttert.

Einsamer nie als
im August: Alle Igel
litten tief.

Igel und Katzen-
futter – eine unschlagbare
Verbindung.

Katzenfutter: Ein
Angebot, das Igel nicht
ablehnen können.

Dieser Sommer hat
die Igel und mich selbst
sehr mitgenommen.

Bei Igelhaikus
muß man immer mit Nach-
züglern rechnen.

Auch der kleine Igel
ist ein Nach-
zügler.

Die Stille der
schmatzenden Igel ist
himmlisch.

Der Igelhaiku
kommt immer aus
heiterem Himmel.

Seit Tagen keinen
Igel mehr beim Katzen-
futter gesehen.

Des Doppelnapfes
Inhalt ist trotzdem jeden
Morgen verschwunden.

Der mausgraue Kater
der Nachbarin bedient sich
aus dem Doppelnapf.

Des andren Nachbarn
Hundewelpe kommt jetzt auch
wegen des Napfes.

Heute Abend hat
der Welpe die ganze Igeldose
aufgefuttert. Miam.

Der Welpe strahlte:
Igelfutter schmeckt auch
gefräßigen Welpen.

Ich hab dem Nachbarn
von unsern Igeln und dem
Füttern erzählt.

Ab jetzt wir der Napf
erst nach den Tagesthemen
aufgefüllt.

Ist der kleine
Igel jetzt auch
winterfest?

Die Igel sind da,
auch wenn sie mal
nicht da sind.

Die Igel sind nicht
mehr und nicht weniger als
unser Spiegelbild.

Wie wir mit ihnen
umgehen, so gehen wir
mit uns selbst um.

In meinem grippalen
Infekt höre ich die Igel
schmatzen.

Bei Katzen mußt du
sprechen, bei den Igeln
schweigen.

Zwei Igel warten
vor dem Napf. Als ob Katzen-
futter fliegen könnte.

Durchsage an die
Igel: Verwüstet bitte
nicht die Terrasse!

Ja, Stachelschweine
sind machmal nichts als
Dreckschweine.

Die fetten Igel
haben ihr Kampfgewicht für
den Winter erreicht.

Seit Tagen sehe
ich nur noch die beiden
kleinen Igel.

Kleine Igel:
Kleinvieh macht
auch Mist.

Gegen den
grippalen Infekt hilft
Igeliologie.

Schlapp wie ein
Igel nach dem Genuß
von Katzenfutter.

Auf der Terrasse
spiegeln sich die Träume der
satten Igel.

Katzenfutter –
überstanden ist dieser
schreckliche Sommer.

Durch den Haiku
haben die Igel
eine Stimme.

Katzenfutter hilft
gegen den Klimawandel.
Sagen meine Igel.

Das Schmatzen der Igel:
Ein wenig Balsam
für die Seele.

Wäre meine Seele
ein Igel, könnte
sie fliegen.

Hätte ich nur die
Stille der satten Igel
in meinen Träumen.

Noch ist's nicht dunkel,
aber der kleine Igel
wartet schon am Napf.

Der kleine Igel
wartete unterm Flieder auf
die zweite Dose.

Die Igel finden
kein Futter mehr wegen der
extremen Dürre.

Ich weiß. Gerade
deswegen füttern wir sie
mit Katzenfutter.

Der Hunger und die
Hand, die füttert: Zwei Argu-
mente für Vertrauen.

Toni frißt im Gras
eine Maus. Der Igel wirft
einen Seitenblick.

Der Igel geht am
fressenden Kater vorbei
zum Katzenfutter.

Stinkstiefel bedeckt
den Napf mit seinem Körper.
Paul ist hartnäckig.

Derweil frißt Linda
allein und seelenruhig
an dem Doppelnapf.

Stinkstiefel gibt auf.
Nun fressen sie beide schnell
und um die Wette.

Die drei Katzen neh-
men den täglichen Einfall
der Igel gnädig hin.

Die Igel wissen
schon längst: Terrasse bedeu-
tet Katzenfutter.

Schon lange denkt kein
Igel mehr daran, sich vor
uns einzurollen.

Du kannst die Tages-
zeit nach den hungrigen
Igel stellen.

Gedankenblitze
schlagen sich nicht nieder
in Giersch, – Giersch.

Unversehentlich:
Aus heiterem Himmel
Gedankenblitze.

Du, Spatz, hüpfst über
das Tischchen wie mein Herz
in meiner Brust.

Am Abend auf der
Terrasse: Wie ein Schauspiel.
Naturtheater.

Der Igel an der
Wassertränke. Roxy hat
ihn berochen.

Roxy beugt sich
über den Igel. Dieser
labt sich seelenruhig.

Ein Bild für Götter:
Roxy beschnuppert lange
den Igel beim Trank.

Roxy geht weiter.
Der Igel geht weiter
zum Katzenfutter.

Auf der Terrasse
einziger unruhiger Geist
nur ich selbst, mit mir.

Heute kam
der Kleine. Angst
hatte er keine.

Der Kleine
schmatzte
wie ein Großer.

Der kleine Igel
ißt seinen Teller leer, seit
´ner halben Stunde.

Igel: In diesem
Jahr ist das Katzenfutter
erst einmal trocken.

Die Igel fressen
trockenes Katzenfutter:
Die Nüsse knacken.

Der Igel wendet
seinen Blick hin zu mir: Oh,
was machst du denn hier?

Er fühlt sich weiter
nicht gestört. Sein Bruder hat
weit mehr ihn empört.

Ein Igel-Philo-
soph, der findet unseren
Zeitgeist einfach doof.

Igel: Für meinen
Dung gibst du mir hoffentlich
keine Bewert-dung!

Igel: Besser als
deine: Meine Kultur –
Dung statt Geltung.

Igel: Ganz ehrlich:
Ihr habt verloren: Ihr werdet
immer virtueller.

Igel: Warum seid
ihr so doof und stellt euch bloß:
Ihr habt Kulturgeschichte.

Igel: Die Dümmsten,
Gierigsten bestimmen die
Geschicke von euch allen.

Igel: Du siehst, wo-
hin du siehst, nur Eitelkeit
auf Erden. Punkt.

Die Igel, Ioane,
sind uns Lehrer, ohne
sie wär´ es schwerer.

Merkt euch eines nur:
Ohne Igel gäbe es
keine Hochkultur.

Igel: Den Verfall
eurer Kultur bedaure
ich zutiefst: Den Mief.

Igel: Ich setzte
meine Hoffnung in euch. Jetzt
sind wir aufgeschmissen.

Der Igel: Es ist
klar: Ihr habt euch verloren.
Im Virtuellen verloren.

So viel zu sagen
haben die Igel, daß sie
vorziehen, zu schweigen.

Dämmerung: Erst
die Götter und dann
die Igel.

Lieber Ioan: Die
Igel haben noch vieles
zu sagen: Ohren auf!

2000 Jahre Kultur:
Überlebt hat sie nur
in den Igeln.

Igel lassen auch mal
einen Haufen da, doch der
ist durchdacht.

Lyrikkritiker
sollten mal reintreten:
Es erleuchtet!

Ich hob den Schlauch
und der Käfer trottete
in seine Heimat.

Diese Kultur des
Bewundertwerdenwollens
ohne jeglichen Grund!

Igel können Lei-
stungen besser einschätzen
als Menschen.

Literatur-
kakerlaken verstehen
keine Igelsprache.

Literatur hilft
den Igel
zu überleben.

Wie schlimm ist es um
die Igel bestellt?
Brauchen sie Literatur?

Die Igel überleben
nur in der Literatur –
wollt ihr das?

Ein Gedicht ist
ein Gedicht,
sagt der Igel.

Igel sind kreativer
als jeder Gartenzwerg-
züchter.

Die Sprache der Lyrik
ist heute nur noch
Igelisch.

Lieber Ioan:
Wir haben unser Igel,
unsere Lyrik!

Igelisch:
Die Diaspora der
eminenten Lyrik.

Rückbesinnung auf
die wahre Lyrik geht nur
noch Igelisch.

Frühlings Erwachen:
zwei kleine Igel huschen
über die Terrasse.

Hoffentlich wird der
Sommer schön – nicht nur
für Igel.

Wenn auch geschrumpft,
sie haben überlebt,
die Igel.

Lieber Ioan: Ein harter
Sommer ist vorbei. Es ist
wieder Igelzeit.

Der Igel wollte
einen Grashüpfer fangen.
Er war zu langsam.

Die Igel spazieren
zwischen meinen
Beinen herum.

Mittlerweile
sind wieder vier
Igel hier.

Bestimmt kommen
noch mehr
Igel daher.

Gudrun sagt: „Auch die
Vögel finden nicht mehr
genügend Fressen."

Die Welt ist aus den
Fugen. Karg ist auch
das Mal der Igel.

Erschreckend, erweckend:
Die Tiere sterben, die Natur
stirbt. Mensch!!

Igel rumoren
auf der Terrasse: Öffne
endlich die Dose!

Igel rumoren
auf der Terrasse: Bis ich
endlich die Dose öffne.

Nun steht wieder
Katzenfutter auf der
Nachtspeisekarte.

Die Igel stopfen in
sich, als ob es kein
Morgen gäbe.

Weil die Igel
fressen, gibt es
ein Morgen.

Der Grashüpfer dankt
dem Katzenfutter, daß
er überlebt hat.

Die Igel sagen:
Denk nach,
Mensch!

Igel: Spürt ihr
eigentlich den Schmerz
des Verlustes?

Bereits ahnt ich es,
denn ohne Not hinter-
ließen sie ihr` Kot.

Gudrun sagt: Winters
waren dies große Igel.
Jetzt sind sie geschrumpft.

Der Napf war leer. Der
Streunerkater heute
aß sechs Portionen.

Ich kann sie nicht
mehr auseinanderhalten:
Es sind IGEL.

Auf der Terrasse:
Igel sieht den Kater an.
Kater sieht den Igel an.

Chinas Mauer war
für den Käfer
der Gartenschlauch.

Jeden Abend kommt
ein Igel vorbei –
aus Futternostalgie.

Aha, denkt Igel:
Hier hat also Jesus
das Brot vermehrt.

Terrasse ist Katzen-
futterrevier. Wieder sind
die Igel hier.

Nein, Igel plagiieren
sich nicht selbst.
Sie erinnern sich.

Lieber Ioan:
Der Humor ist der
gleiche geblieben.

Die Nacht ist
hell, da läuft
ein Igel, schnell.

Nachts sind die Igel
von der Terrasse nicht
weit entfernt.

Nachhaltigkeit
lernt ihr von
den Igeln.

Zum Futterdank
hinterläßt der Igel
mal ein Häufchen.

Igel kam zu mir
auf die Terrasse: Ich habe
dir was zu erzählen.

Igel sagte: Es ist
zu wenig, was ihr
Menschen tut.

Igel sagte: Ihr
Menschen steht
am Scheideweg.

Igel sagte: Das
mit euch ist nicht mehr
im Ganzen.

Igel sagte: Ihr
Menschen verliert
eure Welt.

Ich sagte: Das ist
wahr. Die Entwicklung ist
nicht aufzuhalten.

Igel sagte: Entwicklung?
Die Wiederkehr des Gleichen
ist für uns Gesetz.

Ich sagte: Der Mensch
ist ein Getriebener.
Er kann nicht anders.

Igel sagte: Natur!
Kennst du noch
Rousseau?

Igel sagte: Bestehen
ohne Schaden
zu nehmen!

Ich sagte: Ich habe
noch Mut, mich meines
Verstandes zu bedienen.

Ich sagte: Den Menschen
ist der Mut abhanden-
gekommen.

Igel sagte: Das ist wahr.
Ihr verliert euch selbst
auf dem Weg.

Igel sagte: Ihr habt
vergessen,
woher ihr kommt.

Igel sagte: Ihr habt
selbst das vergessen, was
ihr schon könnt.

Igel sagte: Vergessenes
gefeiert als Erfindung
welch ein Jammer.

Ich sagte: Die Menschen
haben die Gedichte
verlernt.

Ich sagte: Gedichte
waren einst der Seele
Ausdruck.

Ich sagte: Die
Ausdruckswelt kommt
uns abhanden.

Ich sagte: Wir sind
aus der Ausdruckswelt
gefallen.

Ich sagte: Ich stehe
hier als einsamer Rufer
in der Wüste.

Igel sagte: Solche
Zeiten gibt es. Nur sie
häufen sich bei euch.

Igel sagte: Keiner
kann dich hören. Du
sprichst mit Igeln.

Ich sagte: Ich danke
dir, Igel, daß zu
mir zuhörst.

Igel verschwand
wieder
in der Nacht.

Alleingeblieben
spürte ich
die Leere.

Nichts ist,
was und hält. Wir haben
nur noch Igel.

Die Igel warten
geduldig, bis wir nach
Hause kommen.

Ihr Pensum liegt
bei drei Dosen pro Tag. Über-
leben ist Luxus.

Futterliste:
Katzen und Fische,
Vögel und Igel.

Nicht wie Katzen:
Die Igel kennen keine
Fisemattenten.

Gudrun sagt: Igel
fressen auch vertrocknetes
Katzenfutter.

Der Streunerkater
jedoch frißt
keine Schnecken.

Verschmähtes Katzen-
futter, von Aristocats:
Gruß aus der Küche.

Amuse Gueule, auch
Amuse-Bouche, appetitan-
regend für Igel.

Die Igeliologie
ist ein
Fortsetzungroman.

Die Igel kommen
trotz – wegen
der Hitze.

Eliade sagte, es ist bisweilen
ein feindlicher Kosmos, verriet
mir der Igel.

Ich erschrak: Der Igel
schleuderte den Porzellen-
teller in die Luft.

Zwei Igel schmatzen
zusammen Trockenfutter
aus einem Trog.

Der Igel hat Premium-
futter aus dem KDW
geschmatzt.

Das Katzengewimmel
auf der Terasse stört
die Igel nicht.

Trotz der Hitze:
Die Igel hast du immer
im Blick.

Für dich nicht, nur für
uns blieb das Haus freundlich,
sagte der Igel.

Dein Schlaf
ist sicher,
sagte der Igel.

In meinem Schlaf
wachen
die Igel.

In meiner Schlaf-
losigkeit wachen
die Igel.

Der Igel sagte:
Dies war ein Memento
für dich!

Igel: Deine innere
Unruhe ist der Spiegel
der äußeren Unruhe.

In der Hitze waren
die Igel die
einzige Konstante.

Die innere Ruhe
der Igel ist für Menschen
vorbildlich.

Gleichgültig, was dein
Problem ist: Lerne
von den Igeln!

Mensch:
Horch
auf die Igel!

Die Igel sagen:
Denk nach,
Mensch!

Die Welt ist aus den
Fugen. Karg ist auch
das Mal der Igel.

Erschreckend, erweckend:
Die Tiere sterben, die Natur
stirbt. Mensch!!

Igel rumoren
auf der Terrasse: Öffne
endlich die Dose!

Igel rumoren
auf der Terrasse: Bis ich
endlich die Dose öffne.

Alle Igel
sind nun in friedlichem
Winterschlaf.

Hoffentlich hat
auch der kleine Igel
es geschafft.

Das Igelfutter
wird nun wieder
zu Katzenfutter.

Der Wind weht kalt.
Gut, daß die Igel
endlich schlafen.

Der Sommer war schwer.
Leicht wird nun hoffentlich der
Winter für Igel.

So findet ein schreck-
licher Igelsommer doch noch
ein Happy-End.

Versöhnlicher Schluß
ist mir viel lieber,
wenn es um Igel geht.

Lieber Ioan, ein
ereignisreiches Igeljahr
geht nun zu Ende.

Lieber Ioan: Du
hast recht: Igel lieben
Katzenfutter.

Igel retten?
Ein Leichtes mit
Katzenfutter.

Die Welt retten?
Ein wenig Katzenfutter
könnte nicht schaden.

Ein Sommer der
Igeliologie? – Ein
Sommer der Poesie.

Lieber Ioan, den
Igeln gebührt eine anständige
Verabschiedung.

Die Konnotationen der
Igel waren stets
allgemeinmenschlich.

Auch Arici Pogonici
ist nun im
Winterschlaf.

Bald ist Frühjahr. Dann
heißt es: Wieder aufwachen,
ihr Igel!

Herbert-Werner Mühlroth

Geboren 1963 in Hatzfeld (Jimbolia) / Rumänien geboren. Studium der Germanistik, Romanistik und Philosophie an der Universität Heidelberg und an der Freien Universität Berlin. Tätig als freiberuflicher Autor, Publizist und Übersetzer. Unter anderem hat er Reiner Kunzes „Die wunderbaren Jahre" sowie zwei Gedichtbände ins Rumänische übertragen. Aus dem Rumänischen hat er Gedichtbände von Doina Uricariu, Ioan Milea, Andrei Zanca und Mircea Petean übertragen. 1996 hat er das erste „Rumänisch-Aromunische Wörterbuch" heraus-gebracht. 2009 erschien sein Gedichtband „Nachtlaub" im Marien-Blatt Verlag in Lübeck. 2011 gab er die vierbändige Edition der Werke des aromunischen Linguisten und Übersetzers Apostol N. Caciuperi heraus. 2012 erschien sein Roman „Narr in Trance". Im gleichen Jahr war er mit Gedichten in der Sonderausgabe „RHEIN! Nr. 4: Deutsche Literatur aus Rumänien" vertreten. 2014 veröffentlichte er „Eine Eisenbahn in meinem Traum. Meine Flucht aus dem kommunistischen Rumänien" und 2015 erschien „Der Mond tanzt Tango. Gedichte". 2016 erschienen „Tod des Meisters, Erzählungen", „Das Verehrende an Tirol: Essays und Reflexionen", „Über einige meiner Autoren. Essays" und „Die Geschäfte des Herrn Joseliani. Kriminalgeschichten" bei der Edition Bärenklau, Oberkrämer. Mühlroth ist auch in der Gedichtanthologie „Heiligenblut" vertreten, die als E-Book 2016 erschienen ist. Zusammen mit Ioan Milea veröffentlichte er 2018 und 2019 die zweisprachigen Haikubände „Gedankenblitze und Spiegelungen / Fulgurări şi refulgurări" und „Lieben Igel Katzenfutter? Iubesc aricii hrana de pisici? Gedichte von ihm wurden ins Rumänische (Ioan Milea und Andrei Zanca) und Bulgarische (Plamen Patchev) übersetzt.

Zeitfracht Medien GmbH
Ferdinand-Jühlke-Straße 7
99095 Erfurt, Deutschland
produktsicherheit@kolibri360.de